CE LIVRE APPARTIENT À
OFFERT PAR

RETROUVEZ **Paddington** DANS

Un ours nommé Paddington

Paddington en ville

Paddington artiste

Paddington a des soucis

Les exploits de Paddington

Le premier Noël de Paddington

MA PREMIÈRE BIBLIOTHÈQUE ROSE

Michael Bond

Le premier Noël de Paddington

Traduction de Sophie Dalle

Illustrations d'Anne Jolly

HACHETTE

L'édition originale de cet ouvrage a paru en langue anglaise
chez William Collins Sons and Co. Ltd., Londres, sous le titre :
MORE ABOUT PADDINGTON

Hachette Livre, 43, quai de Grenelle, 75015 Paris.

1

Paddington fait ses courses de Noël

« Je ne devrais sans doute pas le dire, proclama Mme Bird, mais je serai bien contente quand les fêtes de Noël seront finies. »

Mme Bird avait beaucoup à faire dans les semaines juste

avant Noël. Elle passait une grande partie de son temps dans la cuisine à préparer les tartes aux fruits secs, les puddings et les gâteaux. Cette année, c'était encore plus compliqué car Paddington, affaibli après une mauvaise grippe, restait à la maison presque toute la journée. Émerveillé par les tartes aux fruits secs, le petit ours ouvrait sans arrêt la porte du four pour les admirer.

Tant que Paddington était resté couché, il n'y avait pas eu trop de problèmes, mais dès qu'il s'était levé, il avait fallu le surveiller. Il s'ennuyait, il avait besoin de s'occuper. Il avait essayé de tricoter (personne ne savait quoi), mais sa pelote de laine s'était emmêlée, puis il avait renversé de la marmelade dessus. Pour finir, il avait dû tout jeter.

« Je le trouve plutôt calme, ces jours-ci, dit Mme Brown. Je suppose qu'il prépare sa liste de Noël.

— Vous n'allez tout de même pas l'emmener dans les magasins ? » s'exclama Mme Bird.

Mme Brown soupira.

« Je ne peux pas l'en priver. Je le lui ai promis, et il a vraiment très envie d'y aller. »

Paddington aimait beaucoup se promener dans les magasins. Il passait un temps fou à admirer les vitrines, et depuis qu'il avait lu dans le journal qu'on y avait installé des décors de Noël, il ne pensait qu'à cela. De plus, il avait un projet. Il n'en avait parlé à personne, mais il avait économisé de l'argent depuis des semaines, pour offrir des cadeaux aux Brown et à ses amis.

Il avait déjà acheté un cadre, dans lequel il avait glissé son portrait. Il l'avait envoyé à sa tante Lucy au fin fond du Pérou, avec un pot de miel. Il s'y était pris plus tôt, parce que la poste pouvait être lente.

« Enfin ! reprit Mme Brown. Je suis tellement heureuse qu'il soit guéri, et je dois avouer qu'il est très sage ces temps-ci. Il mérite une récompense. Nous irons chez Crumbold & Ferns. »

Mme Bird posa sa plaque à pâtisserie.

« Êtes-vous certaine que ce soit une bonne idée ? »

Crumbold & Ferns était un très vieil établissement, où l'on se parlait en chuchotant, et où tous les vendeurs portaient une blouse. Seuls, les gens chics allaient chez Crumbold & Ferns.

« C'est Noël, répondit Mme Brown. Ça va l'amuser. »

Ainsi, juste après le déjeuner, Paddington s'en alla avec Mme Brown. Mme Bird le trouva très élégant, avec son manteau propre. Même son chapeau, qu'il insistait pour mettre lorsqu'il sortait, paraissait plus net que d'habitude.

Paddington était ravi d'aller chez Crumbold & Ferns. Ils prirent un autobus rouge à étage et s'assirent en bas. En se mettant debout sur la banquette, le petit ours pouvait regarder dans la vitre derrière le chauffeur. Il tapa dessus plusieurs fois et agita la patte pour attirer son attention, mais le chauffeur était trop occupé à conduire pour se retourner. D'ailleurs, ils roulèrent un long moment sans s'arrêter. Tout à coup, le contrôleur se fâcha.

« Hé ! Arrêtez ça immédiatement ! C'est à cause de vous qu'on a des soucis. Nous avons déjà dépassé trois stations. »

Mais c'était un homme gentil, et quand Paddington lui eut demandé pardon, il lui expliqua tous les signaux que l'on employait pour que le chauffeur s'arrête ou poursuive sa route. Puis, après avoir vérifié le ticket de tous les passagers, il montra à Paddington les monuments les plus intéressants. Il lui donna aussi un gros bonbon à la menthe, qu'il avait retrouvé dans son sac à monnaie. Paddington était désolé que le voyage se termine.

À leur arrivée au magasin, il y eut encore un petit problème. Alors que Paddington essayait de suivre Mme Brown dans la porte à tambour, un monsieur très distingué avec une barbe surgit en sens inverse. Comme il était très pressé, il poussa fort sur la porte, qui se mit à tourner à toute allure, entraînant Paddington dans le tourbillon. À son grand étonnement, il se retrouva dehors.

Il aperçut vaguement le barbu qui lui faisait un signe de la main en montant dans une voiture en train de démarrer. Il avait l'air de lui crier quelque chose, mais Paddington ne l'entendit pas, car au même instant, il marcha sur un objet pointu et tomba par terre.

Assis au milieu du trottoir, le petit ours examina son pied. Il y découvrit une épingle à cravate. M. Brown en avait une exactement pareille, sauf que celle-ci était décorée d'un joli diamant. Paddington l'accrocha à son manteau, pour être sûr de ne pas la perdre. Soudain, il se rendit compte qu'on lui adressait la parole.

« Ça va, monsieur ? »

C'était le portier du magasin. Il portait un bel uniforme avec plein de médailles.

« Oui, merci, répondit Paddington en se relevant. Mais j'ai perdu mon gros bonbon à la menthe. »

Si le portier était surpris, il n'en montra rien. Chez Crumbold & Ferns, les employés étaient tous très polis. Cependant, cet ourson l'intriguait. Lorsqu'il aperçut l'épingle à cravate avec le diamant, il comprit qu'il avait affaire à quelqu'un de très important. Puis son regard tomba sur le chapeau de Paddington et, une fois de plus, il eut un doute.

Quoi qu'il en soit, il retint les passants pour que Paddington puisse chercher son gros bonbon à la menthe. Ensuite, il l'emmena à l'intérieur, où Mme Brown l'attendait, très inquiète. Paddington remercia vivement le portier, puis regarda autour de lui. Le magasin était très impressionnant. Lorsqu'ils passaient devant Paddington et Mme Brown, tous les vendeurs s'inclinaient pour leur souhaiter un excellent après-midi.

Paddington était épuisé quand ils atteignirent enfin le rayon des arts ménagers.

Comme tous deux avaient des courses secrètes à faire, Mme Brown laissa Paddington en compagnie d'un vendeur et lui donna rendez-vous un quart d'heure plus tard à la sortie.

« N'ayez aucune crainte, madame. Nous sommes habitués à recevoir les clients étrangers. »

Le vendeur enleva une poussière imaginaire de sa manche.

Paddington était assez intimidé. Il donna à son tour un coup de patte sur son manteau. Les yeux ronds, l'assistant vit un nuage de poussière se soulever et retomber sur une vitrine.

« C'est à cause du trottoir, expliqua Paddington. J'ai eu un petit accident avec la porte.

— Ah ! répondit l'homme en toussotant. En effet, je comprends... Alors, que puis-je pour vous, monsieur ? »

Paddington s'assura que Mme Brown avait disparu.

« Je voudrais une corde à linge, déclara-t-il.

— Pardon ? »

Paddington s'empressa de faire passer son gros bonbon à la menthe de l'autre côté de sa bouche.

« Une corde à linge, répéta-t-il d'une voix étouffée. C'est pour Mme Bird. Elle a cassé la sienne, l'autre jour. »

Le vendeur hésita. Il ne comprenait absolument rien à ce que lui racontait cet étrange client.

Paddington poussa un soupir. Parfois, il avait beaucoup de mal à se faire comprendre.

Il grimpa sur le comptoir, ouvrit sa valise et en sortit une publicité qu'il avait découpée dans le journal de M. Brown quelques jours auparavant.

« Ah ! s'écria le vendeur, visiblement soulagé. Je vois...

Tenez, ajouta-t-il en lui tendant une petite boîte en carton vert. Permettez-moi de vous dire que c'est un excellent choix, monsieur. Vous avez du goût. »

Il tira un bout de corde par un trou de la boîte et le tendit à Paddington.

« Ce type de corde à linge est utilisé par les familles les plus respectables. »

Paddington sauta à terre, la corde dans sa patte.

« Voyez-vous, reprit le vendeur, c'est très simple. La corde est enroulée à l'intérieur de la boîte. Plus vous vous éloignez, plus elle s'allonge. Ensuite, quand vous n'en avez plus besoin, il vous suffit de tourner cette petite poignée… »

Il parut étonné.

« … Il vous suffit de tourner cette petite poignée », répéta-t-il en recommençant l'opération.

C'était très irritant. Au lieu de rentrer dans son carton comme elle devait le faire, la

corde continuait de se dérouler.

« Je suis confus, monsieur, dit-il en levant les yeux. On dirait qu'elle est coincée… »

Il se tut soudain, l'air inquiet. Paddington avait disparu !

« Dis donc ! lança-t-il à un autre vendeur, un peu plus loin. Tu n'as pas vu passer un jeune ours qui tirait derrière lui une corde à linge ?

— Il est allé par là ! répliqua l'autre en désignant le rayon des porcelaines. J'ai l'impression qu'il s'est laissé entraîner par la foule.

— Aïe ! Aïe ! Aïe ! » gémit le vendeur de Paddington.

Il ramassa la boîte et se fraya un chemin parmi les clients.

« Aïe ! Aïe ! Aïe ! »

Il n'était pas le seul à s'affoler. À l'autre bout de la corde à linge, Paddington avait quelques problèmes. Le magasin était envahi de monde. À plusieurs reprises, il dut ramper sous une table pour éviter d'être écrasé.

La corde à linge était vraiment magnifique. Mme Bird serait contente. Cependant, Paddington regrettait de ne pas avoir choisi autre chose. La corde était interminable, et elle se prenait régulièrement dans les jambes des gens.

Paddington continua d'avancer, autour d'une table couverte de tasses et de soucoupes, au-delà d'un pilier, puis sous une deuxième table… Les clients se bousculaient dans les allées, et Paddington avait du mal à avancer. Il faillit perdre son chapeau à deux reprises.

Alors qu'il se demandait comment retrouver le rayon

des arts ménagers, il aperçut le vendeur. À son grand étonnement, celui-ci était par terre et avait le visage tout rouge. Ses cheveux étaient en désordre, et il semblait se battre avec un pied de table.

« Ah ! Vous voilà ! s'écria-t-il en apercevant Paddington. Je ne sais pas si vous vous en êtes rendu compte, monsieur l'Ours, mais je vous suis depuis tout à l'heure. Il y a des nœuds partout !

— C'est moi qui ai fait ça ? Je suis désolé. Je me suis perdu. Je ne viens pas souvent dans les grands magasins.

— Où est l'autre bout de la corde ? » hurla le vendeur.

Il était d'assez mauvaise

humeur. Il avait trop chaud, le bruit était assourdissant, et en passant, les gens lui donnaient des coups de pied. De plus, il se trouvait dans une position indigne d'un vendeur de chez Crumbold & Ferns.

« Ici ! répondit Paddington.

Du moins, je l'avais, à l'instant.

— Où ? » cria le vendeur.

Peut-être était-ce à cause du bruit : il ne comprenait toujours rien à ce que disait l'ourson.

« Parlez plus fort ! Je vous entends mal ! »

Paddington le dévisagea d'un air méfiant. Il avait l'air en colère.

Le petit ours regrettait de ne pas avoir laissé son gros bonbon à la menthe sur le trottoir : il l'empêchait de parler correctement et de se faire comprendre.

Il chercha un mouchoir dans sa poche. C'est alors que se produisit l'incident. L'assistant

sursauta. Paddington lui tapota l'épaule.

« Excusez-moi, mais je crains que mon gros bonbon à la menthe ne soit tombé dans votre oreille.

— Votre gros bonbon à la menthe ? Dans mon oreille ?

— Oui. C'est le contrôleur de l'autobus qui me l'a donné. À force de le sucer, il est devenu un peu glissant. »

Le vendeur sortit à quatre pattes de sous la table et se leva. Avec un air de dégoût, il ôta de son oreille le gros bonbon à la menthe. Il le posa sur un comptoir. Décidément, il n'avait jamais vécu une journée pareille chez Crumbold & Ferns !

Il reprit son souffle et pointa un doigt tremblant en direction de Paddington. Comme il ouvrait la bouche pour parler, il se rendit compte que Paddington n'était plus là. Pas plus que la corde à linge. Il eut tout juste le temps de rattraper la table avant qu'elle ne se renverse.

Malheureusement, plusieurs tasses allèrent se fracasser sur le carrelage.

Le vendeur leva les yeux au ciel. Une autre fois, il s'arrangerait pour que cet ours n'ait plus l'autorisation d'entrer dans le magasin.

Mme Brown se faufila dans la foule qui s'était rassemblée devant l'entrée de Crumbold & Ferns.

« Pardon ! dit-elle en saisissant la manche du portier. Pardon... Auriez-vous vu passer un jeune ours en manteau bleu ? Nous devions nous retrouver ici, mais avec tous ces gens... »

Le portier porta une main à sa casquette pour la saluer.

« Il s'agit sans doute de ce gentleman, madame ? Si c'est lui, il est bloqué dans la porte tournante. Impossible de le sortir de là.

— C'est sûrement Paddington », gémit Mme Brown.

Elle se mit sur la pointe des pieds et regarda par-dessus l'épaule d'un monsieur barbu juste devant elle.

« C'est Paddington, en effet ! s'exclama-t-elle. Comment est-il arrivé là ?

— Justement, c'est ce que nous essayons de comprendre, lui répondit le portier. Il paraît qu'il a coincé sa corde à linge dans la poignée. »

Soudain, un murmure d'excitation s'éleva : la porte se remettait à tourner.

Tout le monde se précipita sur Paddington, mais le monsieur à barbe fut le premier à l'attraper. À l'immense surprise de tous, il saisit la patte du petit ours et la lui serra avec joie.

« Merci, jeune ours, merci ! Très heureux de vous connaître.

— Moi de même, répliqua Paddington, tout aussi étonné que les autres.

— Ma foi, je ne savais pas que c'était un ami de Sir Gresholm Gibbs, avoua le portier à Mme Brown.

— Moi non plus, dit-elle. Qui est Sir Gresholm Gibbs ?»

Le portier baissa le ton.

« L'un des clients les plus importants de Crumbold & Ferns. Il est millionnaire. »

Le portier écarta les curieux pour permettre à Paddington et à son nouvel ami de passer.

« Chère madame, dit Sir Gresholm en s'inclinant. Vous

devez être Mme Brown. J'ai beaucoup entendu parler de vous.

— Ah, bon ? murmura-t-elle.

— Votre jeune ours a retrouvé mon épingle à cravate. Je l'avais perdue un peu plus tôt cet après-midi. Elle a une grande valeur. Il l'a gardée pendant tout ce temps.

— Une épingle à cravate ? s'exclama Mme Brown.

— Je l'ai trouvée quand je cherchais mon gros bonbon à la menthe, expliqua Paddington.

— C'est un exemple pour nous tous ! » proclama Sir Gresholm en montrant Paddington.

L'ourson agita modestement sa patte, et deux ou trois personnes applaudirent.

« Et maintenant, chère madame, reprit Sir Gresholm, je crois savoir que vous aviez l'intention de montrer à notre héros les vitrines de Noël.

— En effet. Il ne les a jamais vues, et c'est sa première sortie depuis qu'il est tombé malade.

— Dans ce cas, mon automobile est à votre disposition.

— Ooooh ! s'écria Paddington. Vraiment ? »

Ses yeux brillaient. Il n'avait jamais vu une voiture aussi grande et encore moins imaginé monter dedans.

« Parfaitement ! assura Sir Gresholm en leur ouvrant la portière. Du moins, si vous acceptez de me faire cet honneur.

— Oh, oui ! affirma poliment Paddington. Avec grand plaisir. Cependant, j'ai laissé mon gros bonbon à la menthe sur l'un des comptoirs.

— Dans ce cas, nous n'avons qu'une seule solution », déclara le gentleman, en s'installant avec Paddington et Mme Brown sur la banquette arrière.

Il tapa sur la vitre derrière le chauffeur.

« James, conduisez-nous jusqu'à la confiserie la plus proche. »

— Une boutique où l'on

vend des bonbons à la menthe, s'il vous plaît, James ! ajouta Paddington.

— Absolument », dit Sir Gresholm.

Tandis que la voiture s'éloignait, Paddington se mit debout sur la banquette pour agiter la patte en direction des spectateurs ahuris. Puis il s'installa confortablement.

Ce n'était pas tous les jours qu'un ours du fin fond du Pérou avait la chance de se promener dans Londres à bord d'une automobile aussi magnifique. Paddington voulait en profiter pleinement.

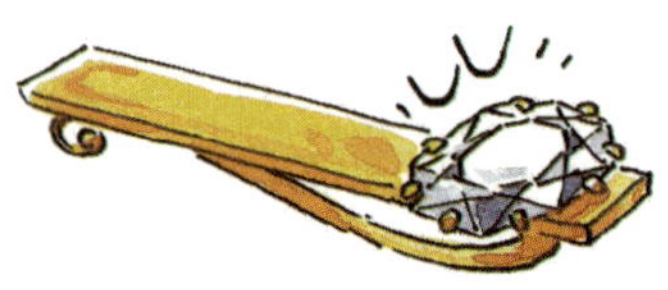

2

Le premier Noël de Paddington

Paddington attendait Noël avec impatience. Tous les matins, il descendait en courant faire une croix sur le calendrier, mais plus les jours passaient, plus la date lui paraissait lointaine.

Pourtant, il avait de quoi s'occuper l'esprit. Chaque jour, le facteur lui apportait un nombre étonnant d'enveloppes adressées à son nom. Il fit une liste de toutes les personnes qui lui écrivaient pour pouvoir les remercier.

« Tu n'es qu'un petit ours, dit Mme Bird en l'aidant à disposer ses cartes sur le dessus de la cheminée, mais tu as beaucoup d'amis. »

Paddington fabriquait lui-même ses cartes de Noël. Il en avait dessiné quelques-unes, en décorant les bords de gui et de houx. Pour d'autres, il avait découpé des images dans les revues de Mme Brown. Sur chacune, il avait inscrit en lettres majuscules : *JOYEUX NOËL ET BONNE ANNÉE*. À l'intérieur, toutes étaient signées *PADDINGTON BROWN*, et il avait ajouté l'empreinte de sa patte pour montrer qu'il en était vraiment l'auteur.

Au début, Paddington n'était pas certain d'avoir épelé correctement *JOYEUX NOËL*. Il avait demandé conseil à Mme Bird, qui l'avait aidé à chercher tous les mots dans le dictionnaire.

« C'est sans doute la première fois que ces gens recevront une carte de la part d'un ourson, expliqua-t-elle. Je pense qu'ils voudront la garder, aussi vaut-il mieux vérifier l'orthographe. »

Un soir, M. Brown rentra à la maison avec un énorme sapin attaché sur le toit de sa voiture. On le plaça dans la salle à manger, devant la fenêtre. Paddington aida M. Brown à le décorer de lampions électriques et de guirlandes en argent.

Il fallait aussi accrocher les branches de houx et les grosses cloches en papier froissé de couleurs vives. Paddington y prit grand plaisir. Il réussit à persuader M. Brown que les oursons étaient très habiles, et à eux deux, ils décorèrent

presque toute la maison. Paddington se mettait debout sur les épaules de M. Brown, qui lui tendait les punaises au fur et à mesure. Un soir, la séance tourna mal quand Paddington appuya accidentellement sa patte sur la punaise qu'il venait de déposer sur la tête de M. Brown. Quand Mme Bird se précipita dans le salon pour savoir pourquoi toutes les lampes de la maison venaient de s'éteindre, elle découvrit Paddington suspendu au lustre, tandis que M. Brown courait partout dans la pièce en se frottant le crâne.

La maison avait enfin un air de fête. Le buffet croulait sous

le poids des noix, des oranges, des dattes et des figues, mais Paddington n'avait pas le droit d'y toucher.

Enfin, Jonathan et Judy rentrèrent de l'école pour les vacances. Tout le monde était très excité.

Mais ces préparatifs n'étaient rien, comparés au jour de Noël.

Ce matin-là, les Brown se levèrent tôt – beaucoup plus tôt que d'habitude. Tout commença quand Paddington, à son réveil, remarqua une grande taie d'oreiller au bout de son lit. Il alluma sa lampe de poche, et ses yeux s'arrondirent de surprise, car la taie débordait de paquets. Or, quand il s'était couché la veille, il n'y avait rien !

L'étonnement et la joie de Paddington augmentèrent lorsqu'il se mit à déballer ses cadeaux. Quelques jours plus tôt, sur l'ordre de Mme Bird, il avait fait une liste de tout ce qu'il espérait avoir et l'avait

cachée dans l'une des cheminées. C'était bizarre, mais tout ce qu'il avait inscrit sur son papier semblait se trouver dans la taie d'oreiller.

Il y avait un jeu de chimie très intéressant, de la part de M. Brown, avec toutes sortes de flacons et de potions. Mme Brown lui avait offert un xylophone miniature, ce qui lui fit très plaisir. Paddington aimait beaucoup la musique, surtout lorsqu'il pouvait jouer au chef d'orchestre. Il avait toujours rêvé de posséder un instrument.

Le cadeau de Mme Bird était encore plus beau : une casquette à carreaux dont il avait eu vraiment très envie. Paddington la mit sur sa tête et se tint au bout de son lit pour s'observer dans la glace.

Jonathan et Judy lui avaient donné chacun un livre sur les voyages. Paddingon était passionné par la géographie, lui

qui avait parcouru le monde.

Le bruit en provenance de la chambre du petit ours était suffisant pour réveiller Jonathan et Judy. En quelques minutes, toute la maisonnée fut debout. Les papiers et les rubans traînaient partout.

« J'aime beaucoup mon pays, grommela M. Brown, mais de là à écouter l'hymne national à six heures du matin, surtout au xylophone... »

Comme toujours, ce fut Mme Bird qui remit de l'ordre.

« Plus de cadeaux avant le déjeuner », annonça-t-elle d'un ton ferme.

Elle venait de trébucher sur Paddington, au premier étage,

qui explorait sa nouvelle boîte de chimie. Un produit très bizarre s'était collé à son chausson.

« Ce n'est rien, madame Bird, la rassura Paddington, qui consultait le mode d'emploi. Je ne pense pas que ce soit dangereux.

— Dangereux ou pas, répliqua-t-elle, j'ai un gros repas à préparer. Et en plus, il faut que je finisse de décorer ton gâteau d'anniversaire. »

Étant un ours, Paddington avait deux anniversaires par an, un en été, l'autre à Noël. Les Brown organisaient en son honneur une fête, à laquelle ils avaient invité M. Gruber.

Après le petit déjeuner, la matinée passa très vite. Paddington, le plus clair de son temps, se demanda quoi faire. Le choix était si grand qu'il en devenait impossible. Il lut quelques chapitres de ses livres et fabriqua plusieurs odeurs

intéressantes, ainsi qu'une explosion, avec son jeu de chimie. Après cela, il confectionna un « serpent qui ne s'arrêtait jamais de grandir », et fit une peur bleue à Mme Bird alors qu'elle descendait l'escalier.

« S'il continue comme ça, nous n'irons pas jusqu'au bout

de la journée, dit Mme Brown. Ou nous exploserons en mille morceaux, ou alors, nous serons empoisonnés. Je viens de le surprendre en train de mettre ma sauce pour la dinde sur du papier de tournesol. Heureusement qu'il n'y a qu'un seul Noël par an, ajouta-t-elle en aidant Mme Bird à préparer les pommes de terre.

— Ce n'est pas encore fini », répondit Mme Bird.

Heureusement, M. Gruber arriva à la dernière minute, et le calme revint à peu près, juste avant le déjeuner.

Paddington parcourut la table d'un regard brillant. Il n'était pas d'accord avec M. Brown,

qui disait que tous ces plats avaient l'air trop bons pour être mangés. Pourtant, quand Mme Bird apporta les desserts, il n'avait plus très faim.

« C'est le meilleur repas de Noël que j'aie mangé depuis des années ! déclara M. Gruber, quelques minutes plus tard. Un grand merci à vous tous !

— Et toi, Paddington, qu'as-tu à dire ? demanda M. Brown.

— C'était délicieux, affirma-t-il en se pourléchant les moustaches. Sauf que j'avais un os dans mon pudding.

— Quoi ? s'exclama Mme Brown. Voyons, c'est impossible ! Il n'y a pas d'os dans le pudding !

— Moi, j'en ai eu un, insista Paddington. Il s'est coincé dans ma gorge.

— Mon Dieu ! s'écria Mme Bird. C'est une pièce de cinq pence ! J'en mets toujours une dans le gâteau de Noël, pour porter bonheur.

— Comment ? s'exclama Paddington. Une pièce de cinq pence ? Dans le pudding ?

— Vite ! intervint M. Brown. Attrapez-le par les pieds. »

Avant que Paddington puisse réagir, il se retrouva la tête en bas, tandis que M. Brown et M. Gruber le secouaient tour à tour. Le reste de la famille surveillait le sol.

« C'est inutile, finit par annoncer M. Brown. La pièce est trop loin. »

Avec l'aide de M. Gruber, il aida Paddington à s'asseoir dans un fauteuil. Le petit ours avait du mal à respirer.

« J'ai un aimant, là-haut, proposa Jonathan. On pourrait

le descendre dans sa gorge au bout d'une ficelle.

— Ce n'est pas une très bonne idée, murmura Mme Brown, l'air inquiet. Comment te sens-tu, Paddington ?

— Malade, gémit celui-ci.

— C'est normal, mon chéri.

Il ne reste plus qu'une solution : appeler le médecin.

— Heureusement que je l'avais lavée, dit Mme Bird. La pièce de monnaie aurait pu être pleine de microbes.

— Mais je ne l'ai pas avalée ! J'ai seulement failli l'avaler. Ensuite, je l'ai posée sur le bord de mon assiette. Je ne savais pas que c'était une pièce de cinq pence, parce qu'elle était couverte de chocolat. »

Paddington était un peu fâché. Il venait de déguster un des meilleurs repas de sa vie, et on l'avait secoué comme un prunier sans lui laisser le temps de s'expliquer.

Les Brown échangèrent des

regards inquiets, puis s'en allèrent discrètement, laissant Paddington se remettre tout seul de son émotion.

Un peu plus tard, quand Mme Bird eut servi le café, Paddington retrouva ses forces. Installé dans son fauteuil, il mangeait des dattes quand les autres revinrent dans la pièce. Paddington n'était jamais malade très longtemps.

On s'installa devant le feu, et M. Brown se frotta les mains.

« Paddington, ce n'est pas seulement Noël, c'est aussi ton anniversaire. Qu'est-ce que tu aimerais faire ? »

Paddington prit l'air mystérieux.

« Si vous voulez bien passer à côté, je vous ai préparé une surprise.

— Oh, non, Paddington ! se plaignit Mme Brown. Nous ne pourrons plus profiter du feu de cheminée.

— Ce ne sera pas long », promit-il.

Il leur tint la porte. Les Brown, Mme Bird et M. Gruber sortirent sans protester.

« Et maintenant, fermez les yeux ! ordonna l'ourson. Je vous appellerai dès que je serai prêt. »

Mme Brown frissonna.

« Dépêche-toi, je t'en prie ! Je n'ai pas très chaud. »

Paddington l'ignora et ferma la porte. Ils attendirent plusieurs minutes sans parler, puis M. Gruber s'éclaircit la gorge.

« Le jeune M. Brown nous aurait-il oubliés ?

— Je n'en sais rien, répondit Mme Brown, mais je commence à en avoir assez... Henry ! ajouta-t-elle en rouvrant les yeux. Tu dors ?

— Hein ? Pardon ? »

M. Brown avait tellement mangé qu'il avait du mal à rester éveillé.

« Que se passe-t-il ? J'ai raté quelque chose ?

— Il ne se passe rien, répliqua Mme Brown. Henry, tu ferais mieux d'aller voir à quoi joue Paddington.»

Un long moment s'écoula avant que M. Brown ne revienne pour annoncer que Paddington était introuvable.

« Il est forcément quelque part ! dit Mme Brown. Les ours ne disparaissent pas comme ça ! »

Une idée frappa soudain Jonathan.

« Aïe ! Aïe ! Aïe ! Vous ne pensez tout de même pas qu'il ait voulu faire le père Noël ? L'autre jour, il m'a posé des questions, quand il mettait sa liste dans la cheminée. Je suis sûr que c'est la raison pour laquelle il nous a demandé de venir ici.

— Le père Noël ? répéta M. Brown, en se précipitant vers la cheminée… Je ne vois rien. »

Il craqua une allumette. Aussitôt, une poignée de suie lui tomba sur la tête.

« Regarde ce que tu as fait, Henry ! protesta Mme Brown. À force de crier… Ta chemise est dans un état affreux.

— Peut-être que le jeune Paddington est coincé quelque part, suggéra M. Gruber. Il a tellement mangé. Il s'est même demandé où il avait pu mettre tant de nourriture. »

La déclaration de M. Gruber produisit un effet immédiat sur la famille.

« Il risque d'étouffer ! » s'écria Mme Bird.

Ils étaient tous terriblement inquiets, quand Paddington fit irruption dans la pièce. Il fut surpris d'apercevoir M. Brown, la tête dans la cheminée.

« Vous pouvez revenir maintenant, proclama-t-il. J'ai fini d'emballer mes cadeaux, et ils sont sous le sapin. »

M. Brown s'assit en s'essuyant le visage avec son mouchoir.

« Ne me dis pas que tu es resté là pendant tout ce temps ?

— Si ! répondit innocemment le petit ours. J'espère que vous n'étiez pas trop impatients.

— Tu m'as dit que tu l'avais cherché partout ! reprocha Mme Brown à son mari.

— Nous sortions de la salle à manger, je ne m'imaginais pas qu'il y était retourné.

— Comme quoi, intervint

Mme Bird, les ours ne sont pas si bêtes. »

Ils racontèrent alors à Paddington ce qui venait de se passer.

« Je n'ai jamais imaginé de descendre par la cheminée, leur dit-il.

— Que cela ne te donne pas de mauvaises idées ! » gronda M. Brown.

Cependant, lui aussi fut ému lorsqu'il suivit Paddington jusqu'au sapin pour découvrir la surprise.

Six nouveaux paquets étaient accrochés aux branches du bas.

Les Brown reconnurent les papiers qu'ils avaient utilisés pour envelopper les cadeaux de Paddington, mais ils étaient beaucoup trop polis pour le lui faire remarquer.

« Je devais attendre d'avoir assez d'emballages, expliqua Paddington en agitant la patte. Je n'avais plus d'argent pour en acheter. C'est pour ça que je vous ai demandé de passer à côté : pour pouvoir les envelopper.

— Paddington, je suis très fâchée contre toi, dit Mme Brown. Tu n'aurais pas dû dépenser toutes tes économies pour nous.

— Malheureusement, je ne vous offre rien d'extraordinaire.

Mais j'espère que ça vous plaira. J'ai mis des étiquettes avec vos noms.

— Rien d'extraordinaire ? s'écria M. Brown en ouvrant le sien. Un porte-pipes ? Avec du tabac, en plus ? C'est magnifique !

— Et moi ! J'ai un nouvel album pour mes timbres ! ajouta Jonathan, enchanté. Et il y a déjà des timbres dedans.

— Ce sont ceux des cartes postales de tante Lucy, expliqua Paddington. Je les ai gardés exprès pour toi.

— Une boîte de peinture ! s'exclama Judy. Merci, Paddington. C'est exactement ce que je voulais.

— Quelle chance nous avons, tous ! déclara Mme Brown en découvrant un flacon de son parfum préféré. Comment l'as-tu deviné ? J'ai fini le mien la semaine dernière.

— Madame Bird, je suis désolé, pour votre paquet, dit

Paddington. J'ai eu quelques problèmes avec les nœuds.

— Ce doit être quelque chose de très spécial, murmura M. Brown. On dirait qu'il n'y a que de la ficelle.

— En fait, c'est une corde à linge.

— Ça fait deux cadeaux en un, répondit Mme Bird lorsqu'elle réussit à défaire les derniers nœuds et des mètres de papier. Mais... C'est une broche en forme d'ours ! Comme elle est belle ! Je la porterai pour les grandes occasions, précisa-t-elle après l'avoir montrée à tout le monde.

— Je me demande ce que ça peut être, murmura M. Gruber,

en tâtant son paquet. La forme est bizarre... Oh ! Une tasse ! Avec mon nom écrit dessus !

— C'est pour nos rendez-vous de onze heures, monsieur Gruber. J'ai remarqué que la vôtre était un peu ébréchée.

— Mon chocolat chaud sera encore meilleur qu'avant, assura

M. Gruber, en se levant. Remercions donc le jeune Paddington pour tous ces merveilleux cadeaux. Je suis sûr qu'il y a beaucoup réfléchi.

— Oui ! Oui ! » approuva M. Brown en remplissant sa pipe.

M. Gruber se pencha en avant.

« Pendant que j'y pense, jeune monsieur Brown, j'ai quelque chose pour vous. »

On se rassembla autour de Paddington pendant qu'il déballait son paquet. Il poussa un cri de joie en voyant le magnifique cahier relié de cuir sur lequel était gravé en lettres d'or : *Paddington Brown.*

Paddington était tellement ému qu'il en avait perdu sa voix.

« Je sais que vous aimez écrire vos souvenirs, monsieur Brown, dit M. Gruber. Vous en avez tant, que vos autres cahiers doivent être déjà bien remplis.

— C'est vrai, répondit Paddington. Et je vais en avoir beaucoup d'autres à raconter.

Mais dans celui-ci, je n'écrirai que mes plus belles aventures. »

Lorsqu'il alla se coucher ce soir-là, Paddington était tellement heureux et fatigué qu'il avait du mal à monter les marches. Il ne savait pas ce qu'il avait préféré : les cadeaux, le repas, les jeux, ou le goûter avec le gâteau d'anniversaire à la marmelade. Il s'arrêta à mi-chemin de l'escalier pour y réfléchir et décida qu'au fond, son plus grand bonheur avait été d'offrir ses propres cadeaux.

« Paddington ! Qu'est-ce que c'est que ça ? s'écria Mme Bird, depuis le vestibule.

— Une petite part du pudding au cinq pence, au cas où

j'aurais faim pendant la nuit.

— Franchement, il exagère ! gronda-t-elle en rejoignant le reste de la famille.

— Peu importe, du moment qu'il reste parmi nous, répliqua Mme Brown. Sans lui, cette maison ne serait plus la même. »

Mais Paddington ne les entendait pas. Il était déjà assis dans son lit, son cahier ouvert sur ses genoux.

Pour commencer, sur la première page, il inscrivit le plus important :

PADDINGTON BROWN

32, WINDSOR GARDENS

LONDRES

ENGLETAIRE

EUROP

LE MONDE

Sur la page suivante, en lettres majuscules encore plus grosses, il écrivit :

MES AVANTURS

CHAPITREU UN

Paddington suça le bout de son stylo à plume, l'air songeur.

Puis il remit soigneusement le couvercle du flacon d'encre avant qu'il ne se renverse sur les draps. Il était trop épuisé pour écrire. Ce n'était pas grave. Il s'y mettrait demain.

Il remonta sa couette jusqu'aux moustaches. Il faisait bon, et il poussa un profond soupir en fermant les yeux. Il était content d'être un ours. Et, surtout, d'être un ours nommé Paddington.

Table

Imprimé en France par ***Partenaires-Livres®***
N° dépôt légal : 19011 - janvier 2002
20.24.0667.4/02 ISBN : 2.01.200667.1
Loi n° 49-956 du 16 juillet 1949
sur les publications destinées à la jeunesse